Dr Louis CARRIÈRE

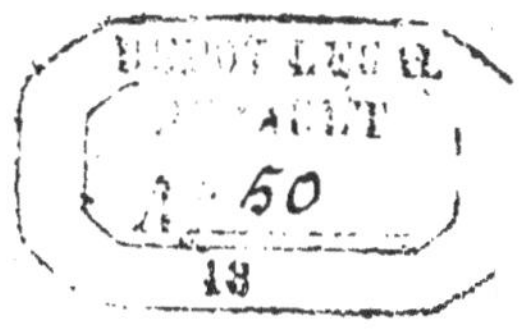

Contribution à l'Etude de la Symptomatologie et de l'Etiologie

De la Pellagre

à l'Asile des Aliénés de Montpellicr

Montpellier
Firmin, Montane et Sicardi

CONTRIBUTION A L'ÉTUDE

DE LA

SYMPTOMATOLOGIE ET DE L'ÉTIOLOGIE

DE LA PELLAGRE

A L'ASILE DES ALIÉNÉS DE MONTPELLIER

PAR

Louis CARRIÈRE

DOCTEUR EN MÉDECINE

INTERNE PROVISOIRE DES ASILES A L'HOPITAL GÉNÉRAL (*Concours 1904*)

INTERNE TITULAIRE DES ASILES A L'HOPITAL GÉNÉRAL (*Concours 1905*)

MONTPELLIER

IMPRIMERIE GUSTAVE FIRMIN, MONTANE ET SICARDI

Rue Ferdinand-Fabre et Quai du Verdanson

—

1907

A tous ceux que j'aime

A MES PARENTS

A MES MAITRES

A MES AMIS

L. CARRIÈRE.

A MON PRÉSIDENT DE THÈSE

MONSIEUR LE PROFESSEUR MAIRET

DOYEN DE LA FACULTÉ DE MÉDECINE

A MES CAMARADES D'INTERNAT

L. CARRIÈRE.

C'est notre premier devoir, au début de ce travail, d'adresser l'hommage d'une profonde reconnaissance à tous ceux qui, à des degrés divers, ont encouragé et soutenu nos efforts. Ce vieil usage, que l'habitude a rendu banal, n'aura de mérite que dans la sincérité des sentiments qui le dictent. Nous considérons comme une obligation d'adresser à tous nos maîtres l'expression de notre sincère gratitude et de notre dévouée affection.

Que notre maître, M. le professeur Mairet, daigne accepter nos remerciements pour tout ce qu'il fit pour nous. Jamais nous n'oublierons ses conseils pleins d'expérience. Au moment de quitter son service, où nous avons eu le bonheur de passer comme interne plus de deux années, nous le prions de croire à toute notre reconnaissance pour le double honneur qu'il nous a fait en nous acceptant comme élève d'abord, en inspirant et présidant notre thèse ensuite.

Nous n'oublierons jamais ce que MM. les professeurs Carrieu, Tédenat, de Rouville ont fait pour nous. Ce sont eux qui nous ont guidé dans nos débuts et ont dirigé nos premiers pas dans les études de la vraie médecine. A eux, ainsi qu'à MM. les professeurs agrégés Vires, Grynfelt, Lagriffoul, nous adressons l'expression de toute notre reconnaissance. M. le professeur agrégé Soubeyran a été pour nous, depuis de longues années, plus qu'un maître, un ami. Nous le prions de croire que son souvenir restera ineffaçable dans notre mémoire.

Que M. Jacquemet, médecin-adjoint à l'Asile, que M. Salager, chef de clinique, acceptent nos remerciements, non seulement pour les conseils qu'ils nous ont donnés pour notre thèse, mais surtout pour l'estime qu'ils nous ont incessamment témoignée.

Nous adresserons enfin un affectueux souvenir à nos camarades de l'internat. C'est parmi eux que nous avons passé les meilleures années de notre jeunesse. Merci à tous ceux qui ont bien voulu nous estimer, nous aimer.

CONTRIBUTION A L'ÉTUDE

DE LA

SYMPTOMATOLOGIE ET DE L'ÉTIOLOGIE

DE LA PELLAGRE

A L'ASILE DES ALIÉNÉS DE MONTPELLIER

HISTORIQUE

Quand on examine la littérature médicale qui a rapport à la pellagre, on est frappé de l'unanimité avec laquelle on n'a cessé, pendant longtemps, de considérer cette maladie qui présente comme principaux symptômes un érythème de la peau, des troubles gastriques, des troubles nerveux plus ou moins accentués, comme l'apanage des mangeurs de maïs avarié, de ces malheureux seulement.

Telle était l'opinion qui s'était fondée sous l'influence des Roussel, Balardini, Lombroso, Ferroti, opinion tellement enracinée dans l'esprit des médecins, qu'en 1885 encore, Fauvelle, directeur du dépôt de mendicité de Laon, après avoir constaté 94 cas de pellagre sans maïs, n'osait point tirer de conclusions de ses observations.

Cependant les Zeistes (c'est ainsi que l'on nommait les partisans de l'intoxication par le maïs), étaient loin d'être d'accord entre eux, et la lutte dura longue et âpre, entre les partisans du sporisorium maïdis de Balardini, la pellagrozeïne de Lombroso, le penicellium de Ferroti.

Balardini créa le premier la théorie verdamique ; il découvrit l'agent spécifique de la pellagre, un champignon poussant sur le maïs mal récolté, et que Césati appela sporisorium maïdis. C'était un véritable parasite, s'attaquant à la substance voisine du germe, au germe lui-même.

Le sporisorium ou plutôt le verderame n'eut qu'un succès éphémère. On trouva bientôt qu'il appartenait à des mucédinées très vulgaires et les expériences de Leplat et Gaillard, puis celles de Lombroso démontrèrent que l'injection de sporisorium est inoffensive, pourvu que l'on s'y prenne de manière à ne pas faire d'embolies capillaires.

La chimie devait ruiner cette théorie en démontrant qu'il ne fallait pas voir dans les substances alimentaires, et principalement dans les aliments, une démarcation qui ne convient qu'aux principes alimentaires et n'est même pas vraie de l'albumine, et que dans les aliments dits féculents, qui d'après cette théorie ont seulement un rôle de calorificateurs, l'économie, dans certaines conditions, peut encore trouver de l'albumine.

En 1869-70, Lombroso fait ses premières communications relatives à la pellagre. Mais c'est surtout en 1871 qu'il prélude aux expériences qui jettent un jour nouveau sur la théorie du Zéisme.

Pour Lombroso, ce n'est pas le sporisorium maïdis, ce n'est pas l'insuffisance des principes azotés qu'il faut incriminer. L'agent nocif dans le maïs gâté, c'est une substance chimique nouvelle, formée aux dépens des éléments de la graine, sous l'influence du processus fermentatif dont le penicillium ou sporisorium est l'un des témoins.

Lombroso tenta, en s'aidant de l'expérimentation de démontrer que sa théorie était la vraie. Il fit ingérer du maïs gâté à des poulets, à des rats, à des lapins. Il constata chez les coqs la diarrhée, la chute des plumes et « chez tous les animaux la perte de poids, la contracture des extrémités, finalement la mort ». (Arnould, Dictionnaire Dechambre.)

En Italie, les expériences de Lombroso furent répétées par divers expérimentateurs. Les résultats n'en furent pas concordants et une commission de l'Institut Lombard (Biffi, 1875), déclara l'huile de maïs inoffensive.

Cependant, déjà en 1845, on avait vu la pellagre chez un aliéné de Pau ; en 1851, deux cas analogues s'étaient de nouveau présentés. Vers la même époque, le docteur Mérier en avait recueilli les observations dans les asiles de Blois et de Saint-Dizier.

En 1855, Billod publia dans les *Archives Générales de Médecine*, de nombreux cas de pellagre, constatés par lui chez les aliénés, considérant que l'aliénation mentale prédisposait à la pellagre. Les faits rassemblés par lui étaient nombreux et il émettait cette opinion que : « Le trouble de l'innervation qui caractérise l'aliénation mentale tend à créer à la longue, pour ceux qui en sont atteints, une disposition à subir les altérations qui caractérisent la pellagre. » Il fut vivement pris à partie par Landouzy, de Reims, qui soutenait, au contraire, dans ses leçons magistrales que, si la pellagre amène toujours l'aliénation mentale, jamais l'aliénation mentale n'amène la pellagre. Landouzy laissait néanmoins échapper un demi-aveu, en disant que les médecins italiens, plus habitués à faire la différence du degré contre leurs malades atteints de cette maladie, les divisaient en fous ordinaires et pellagreux atteints de folie.

Malgré leurs divergences d'opinions, ces deux médecins étaient d'accord sur un point, à savoir que la pellagre peut exister sans maïs.

Bouchard, à la même époque, considérait la pellagre comme amenée par la misère et par l'action des rayons solaires. Il refusait toute spécificité au maïs. C'est lui qui disait à propos du verdet : « Mais quel est donc ce poison aux allures aristocratiques, et auquel Malthus aurait dû songer pour l'extinction du paupérisme, qui ne fait sentir qu'aux indigents ses propriétés vénéneuses ? » Il concluait en disant : « La production de la pellagre suppose la production de ces deux conditions, l'une constante qui est l'insolation, l'autre également indispensable, mais comprenant une série de causes variables, qui sont d'ailleurs toutes dépressibles et débilitantes, tendant à amener un état cachectique. » (Gazette médicale de Lyon, 1861.)

C'est alors que les Zeistes essayèrent de défendre leurs théories en créant à côté de la pellagre, des pseudo-pellagres, si peu définies, qu'on est obligé de s'avouer qu'elles ne diffèrent guère que par le point de départ, c'est-à-dire le parti-pris absolu de ne voir dans la pellagre qu'une intoxication par le maïs.

Les pseudo-pellagres de Roussel se manifestent toutes par le manque d'un, quelquefois de deux symptômes de la triade pellagreuse. Il suffit, d'après lui, pour taxer une maladie de pseudo-pellagre, qu'il manque soit les troubles gastriques, soit les troubles nerveux, et dans son livre de la Pellagre, chapitre de la pellagre chez les aliénés, Roussel conclut en citant le rapport de M. Ambroise Tardieu, au Comité consultatif d'hygiène publique, rapport où il est dit : « Nous ne nous arrêterons pas à ces prétendus cas de pellagre. Jamais ne s'est montrée plus évidente la confusion entre des espèces morbides différentes. Ces derniers faits, en particulier (observations de Billod), qui se rapportent à ces érythèmes des extrémités et à ces diarrhées cachectiques qui se montrent dans la période ultime des formes dépressives de la folie, démence, paralysie générale, stupidité lypémaniaque, n'ont pas de rapport avec la vraie pellagre. »

M. Verga, directeur du grand hôpital de Milan en 1866, après avoir considéré les malades de Billod comme atteints, sinon de pellagre, au moins d'une *variété*, d'une *sous-espèce*, d'un *diminutif*, disait quelque temps plus tard (*Gazette Médicale de Milan*) : « Il serait très important que M. Billod suspendît ses travaux et s'assurât que les aliénés chez lesquels il a observé pour la première fois les altérations cutanées pellagroïdes, n'en ont pas présenté avant leur entrée à l'asile ?» Ici l'aveu est presque complet, car que ces aliénés aient présenté de la pellagre ou non avant leur entrée dans les asiles de Mainé-et-Loire, il est absolument certain qu'ils n'avaient jamais mangé de maïs et que leur pellagre, antérieure ou consécutive à leur aliénation, n'était pas d'origine verdamique.

Mais bien des auteurs et non des moindres : Legrand du Saule, dans une étude sur le délire pellagreux considéré au point de vue médico-légal ; — Constantin Paul, Vue étiologique sur la pellagre ; — Bouchard, Recherches sur la pellagre ; — Hardy, Leçons sur la pellagre ; — Gaucher et enfin Perrin, de Marseille, considèrent que la pellagre est le résultat de la misère, de la mauvaise hygiène, d'une alimentation insuffisante ou défectueuse, d'une dépression générale de l'organisme réalisée notamment par l'alcoolisme ou l'aliénation mentale. La misère se rencontre toujours, même chez les pellagreux mangeurs de maïs.

C'est d'ailleurs l'opinion du professeur Filippo Lussana,

qui dans la *Gazetta Médica Italiana* » (1872), exerce sa verve avec humour sur les théories verdamiques et commence son travail par cette ironique boutade : « Voilà un pauvre champignon microscopique qui est accusé d'avoir tué et de tuer encore plus d'hommes que n'en ont massacrés les fusils à aiguille, les chassepots et les mitrailleuses. » D'autres théories ont encore été faites sur la pellagre. Nous ne citerons que les principales.

Pour Casal, Frapolli et autres, la pellagre ne serait qu'une variété de lèpre. Cette théorie soutenue encore par Zambaco Pacha, qui considère la pellagre comme une lèpre dégénérée ne peut être admise. Le bacille de Hensen n'a jamais été trouvé chez les pellagreux.

Broussaïs considérait la pellagre comme une gastro-entérite. Calderini et beaucoup d'autres en font une forme de la syphilis. Hameau croyait que la maladie était due à un virus provenant soit du fumier, soit de la peau non tannée des brebis. Rassori fait de la pellagre une maladie asthénique. Calmaza soutient que la misère associée à l'alcoolisme favorise le développement de la pellagre. Procopiu, dans une étude parue en 1903, établit que la pellagre est d'origine maïdique et met les différents troubles sur le compte du poison, la pellagrozeïne de Lombroso, tandis que Babès leur donne une origine tropho-névrotique.

Notre maître enfin, M. le professeur Mairet, dans une thèse faite sous son inspiration, à Montpellier, en 1902, par M. Zartarian, considère la pellagre comme ayant pour causes déterminantes maïs, misère, alcool, mauvaise hygiène.

Ayant pu, pendant la durée de notre internat, voir, examiner, suivre pas à pas de nombreux pellagreux, et frappé surtout par la quantité croissante de ces malades depuis quelques années, nous allons essayer de tirer des 41 observations inédites que nous possédons, quelques remarques et surtout quelques conclusions étiologiques, qui puissent jeter un peu de lumière sur l'origine et le développement plus grand de cette maladie dans nos asiles.

Donner le détail complet de toutes nos observations, nous a paru fastidieux. Nous avons préféré réunir, en un tableau succinct, les points principaux intéressant chaque malade et donner ensuite la synthèse de toutes ces observations au point de vue symptômes. Nous avons ainsi réuni en diverses colonnes l'âge, le domicile, la profession, la maladie mentale de nos pellagreux, leur section à l'asile, la date de leur entrée à l'établissement, la date de l'éclosion de leur maladie, ce qu'il y a de remarquable dans leurs antécédents, toutes choses qui, comme on le verra dans la suite, présentent de l'importance.

NOMS ET PRÉNOMS	AGE	DOMICILE	PROFESSION	SECTION à L'ASILE	MALADIE MENTALE	DATE D'ENTRÉE à L'ASILE	DÉBUT de la PELLAGRE	ANTÉCÉDENTS
P... L...	27 ans.	Lansargues.	Cultivateur.	Agitées.	Manie avec prédominance d'idées de grandeur.	30 juin 1897.	11 avril 1899.	Alcoolique.
V..., née O...	31 —				Manie avec agitation intense, érotisme accentué.	29 décembre 1896.	27 juillet 1900	
V... M...	38 —			Agitées n° 2.	Lypémanie avec stupeur.	18 août 1898.	23 septembre 1900.	
B..., née J...	41 —	St Jean de Cornies (Hérault)	Ménagère.	— n° 1	Manie avec agitation.	1er septembre 1897.	15 février 1901.	Misère physiologique absolue.
B... J...	55 —	Pignan (Hérault).	Cultivateur.	— n° 1.	Idées de persécution et de grandenr.	27 mars 1889.	1er février 1902.	Alcoolique. Dégénéré.
M..., née S...	33 —	Montpellier (Hérault).	Ménagère.	— n° 1.	Lypémanie à direction religieuse.	28 février 1902.	15 mai 1902.	Hérédité alcoolique.
S... E...	29 —	Vacquières (Hérault).	Ménagère.	— n° 1.	Idées de tristesse et de persécution.	29 août 1896.	22 juin 1902.	Misère.
F..., née C...	50 —	Maraussan (Hérault).	Ménagère.	E.	Paralysie générale par sénilité anticipée, agitation incohérente, démence.	1er avril 1902.	13 juillet 1902.	Alcool et misère.
A... A...	37 —	Cazedarnes (Hérault).	Employé.	A. n° 1.	Crises de violente agitation avec égarement, idées délirantes à direction de persécution.			
T... J...	55 —	Puisserguier (Hérault).	Contrebandier.	A. n° 1.	Aliénation mentale revenant par accès sous forme d'inquiétude avec apeurement. Hallucination.	20 avril 1902.	7 août 1902.	Alcool. Hérédité. Tuberculose.
D..., née S...	30 —	Gignac (Hérault).	Ménagère.	E.	Lypemanie, avec inquiétude, idées de persécution, accès d'agitation.	15 mars 1902.	16 mai 1903.	Alcool.
A... L...	31 —	Mèze (Hérault)	Maçon.	A. n° 1.	Embrouillement et bouffées de peur pendant lesquelles il fuit à toute vitesse devant des ennemis imaginaires qu'il croit voir et entendre.	22 février 1903.	26 juillet 1903.	
P..., née B...	62 —	Montpellier (Hérault).	Ménagère.	E	Idées de persécution et de suicide. Agitation excessive.	12 août 1903	27 septembre 1903.	Alcool.
G..., née C...	52 —	Cournonterral (Hérault).	S. P.	E	Démence paralytique.	12 juillet 1892.	3 mai 1904.	Alcool.
M..., née B...	49 —	Cette (Hérault).	Couturière.	A. n° 2.	Lypémanie	23 décembre 1903.	26 mai 1904.	
D..., née A...	16 —	Cette (Hérault).	S. P.	A. n° 2.	Démence paralytique avec sénilité anticipée.	28 novembre 1903.	16 juin 1904.	Misère absolue.
D... M...	68 —			E.	Démence	6 avril 1894.	7 juillet.	
B... D...	39 —	Lignères (Gers).	Chemineau.	A. n° 1.	Egarement intellectuel. Agitation incohérente.	17 mai 1904	9 septembre 1904	Alcoolisme invétéré.
G... M...	28 —	Avène (Hérault)	Institutrice.	A. n° 1.	Surexcitation maniaque.	6 décembre 1902.	10 octobre 1904.	
V... née D...	46 —	Lunel (Hérault.	S. P.	Infirmes.	Démence avec agitation par accès.	2 avril 1885.	19 avril 1905.	Misère.
D... née B...	45 —	Juvignac (Hérault)	Domestique.	A. n° 2.	Lypémanie anxieuse. Paralysie.	21 mai 1902	26 mai 1905.	Alcool. Misère absolue.
P... née B...	77 —	Agde (Hérault).	Poissonnière.	A. n° 1.	Agitation avec affaiblissement radical de l'intelligence.	30 octobre 1903.	16 juin 1905.	Alcool.
V... A...	54 —	Lodève (Hérault).	S. P.	A. n° 1.	Lypémanie avec apeurement, inquiétude intense.	26 avril 1902.	18 juin 1905.	
M... J...	28 —	Lansargues (Hérault).	S. P.	A. n° 1.	Délire agressif à direction de tristesse et de peur.	5 mars 1902.	26 juin 1905.	
V..., née S...	53 —	Aniane (Hérault).	Ménagère.	A. n° 1.	Manie.	6 septembre 1890	16 juillet 1905.	Alcool. Hérédité.
M... P...	45 —	Augoustinas (Pyr.-Or.).	Cultivateur.	A. n° 1.	Epilepsie. Accès d'agitation violente avec méchanceté.	21 janvier 1905.	31 août 1905	
L... B...	42 —	Agde (Hérault).	Cultivateur.	A. n° 1.	Idées de persécution.	17 octobre 1902.	3 janvier 1906	Travail considérable. Se nourrissait peu ou mal.
R... J...	41 —	Brousse (Aveyron).	Chemineau.	A. n° 1.	Débilité intellect. Idées de grandeur et de persée. Violentes crises d'agitation.	11 février 1903.	16 mars 1906.	Alcoolique.
L... J...	26 —	Pézenas (Hérault).	Mécanicien de la flotte.	A. n° 1.	Manie.	4 janvier 1904.	12 avril 1906.	Tuberculose.
M... née M...	56 —	Montpellier (Hérault).	Marchande des 4 saisons.	A. n° 1.	Délire incohérent. Démence.	4 avril 1906.	28 janvier 1907.	Alcool.
R... M...	37 —	Villeneuve-l/-Magu. (Hér.).	S. P.	A. n° 1.	Idiotie. Agitation à forme maniaque.	28 février 1907.	18 mars 1907.	Dégénérée.
H... L...	36 —			A. n° 1.	Délire de grandeurs et de persécutions.	24 octobre 1906.	19 mars 1907.	
T... A...	24 —	Narbonne (Aude).	Homme de peine	A. n° 2.	Alternatives de dépression et d'agitation violente.	6 mars 1903.	25 mars 1907.	
S...		Vias (Hérault).	Cultivateur.	A. n° 1.	Manie.	25 août 1903.		
C... L...		Béziers (Hérault).	Homme d'équipe.	A. n° 1.	Folie alterne avec crises d'agitation violente suivies de dépression.	19 mars 1902		Alcool.
C...	55 —	Cette (Hérault).	Homme de peine.	A. n° 1.	Phobomanie.	28 avril 1906.	20 septembre 1906.	Alcool.
V... M...	43 —	Ganges (Hérault).	S. P.	A. n° 1.	Manie avec agitation extrême.	5 avril 1907.	24 avril 1907.	
M... F...	64 —	Marseillan (Hérault).	Ménagère.	A. n° 1.	Démence.	21 avril 1882.	1er avril 1907	
V..., née V...	47 —	Béziers (Hérault).	Lingère.	A. n° 1.	Démence paralytique.	7 mars 1907.	14 avril 1907.	Alcool.
M..., née G...	54 —	Lespignan (Hérault).	S. P.		Démence.	5 juin 1902.	22 avril 1907.	
A..., née P...	39 —	St-Afrique (Aveyron).	S. P.	A. n° 1	Idées de persécution.	16 juin 1905.	17 mai 1907.	Dégénérée.

SYMPTOMATOLOGIE

Comment et dans quelles conditions se présente la pellagre à l'Asile de Montpellier ? Quelle est sa symptomatologie, son évolution ? Telles sont les questions que nous devons nous poser dès le début, et les ayant résolues, voir quelle peut être l'origine de cette maladie en nous demandant pourquoi cette richesse de l'asile au point de vue de la pellagre.

Nous décrirons à la maladie qui sévit à l'asile, trois degrés différents.

Les malades commencent dès les premiers rayons de soleil d'avril et de mai, à se sentir fatigués. A ce moment apparaît un érythème, qui dans la pellagre des non-aliénés n'est pas le premier symptôme, qui ne l'est probablement pas chez nous, à l'asile, mais qui est le seul échappant au début au voile que le délire de nos malades jette sur la maladie. Cet érythème est au début caractéristique.

Il couvre ordinairement les parties du corps exposées à la lumière ; nous disons ordinairement, car nous avons pu constater des cas où l'érythème avait envahi toutes les articulations (coude, genou, épaule), pourtant bien protégées par les vêtements. C'est la peau dorsale des mains qui est envahie la première, mais la face dorsale seule, la région palmaire restant toujours indemne, puis la face, le cou, la face dorsale des pieds, une partie des jambes, enfin la partie antérieure de la poitrine.

L'érythème pellagreux envahit les mains et l'avant-bras jusqu'à 5 centimètres environ au-dessus de l'articulation du poignet et remonte jusqu'à l'extrémité des doigts. Aux membres supérieurs, il s'arrête à l'endroit où le vêtement recouvre l'épiderme, donnant ainsi l'aspect de la manchette pellagreuse ; au cou, il forme le collier pellagreux ; aux pieds, il forme chez les malades qui chaussent des espadrilles, un quadrilatère dont le plus grand côté est supérieur, allant d'une malléole à l'autre et dessinant exactement l'ouverture de ce genre de chaussures.

Quels sont les caractères de cet érythème ? Nous nous aiderons pour le décrire de la description de M. Perrin et de nos observations personnelles.

L'érythème débute sur le dos des mains, par des plaques d'un rouge vif, qui deviennent bientôt d'un rouge sombre ; les malades éprouvent une sensation d'ardeur, de prurit parfois insupportable, une gêne et une tension empêchant tout travail. Par la pression du doigt, la rougeur disparaît, mais revient immédiatement quand la pression cesse, sauf en quelques points où le processus est allé jusqu'à l'extravasation sanguine.

Sur les surfaces érythémateuses se développent souvent des bulles, des vésicules plus ou moins volumineuses ; l'épiderme est alors soulevé par places et des phlyctènes de dimensions variables se fusionnent parfois en larges plaques remplies d'un liquide trouble, jaunâtre ou même sanguinolent : notre malade V. M. nous en a donné un exemple frappant.

L'aspect de l'érythème varie au bout de quelques jours, suivant l'intensité de la dermite ; tantôt, on ne constate qu'une surface d'un rouge brun foncé, présentant de larges lambeaux épidermiques décollés sur les bords, couvrant la face dorsale des mains, laissant voir en dessous la couche cornée de l'épiderme en réparation. Il existe fréquemment des fissures, des ragades plus ou moins profondes qui apparaissent au niveau des plis de la peau. Si le soulèvement épidermique a été considérable, on trouve des croûtes dures d'une épaisseur variable.

A la chute des croûtes ou des squames, la rougeur perd de son ardeur ; la peau a une coloration brun foncé comme bronzée, elle paraît atrophiée, lisse, vernissée ; d'autres fois elle a l'aspect raboteux comme celui d'une patte d'oie. C'est la peau anserine.

Les malades ont un teint bronzé qui rappelle un peu le teint de la maladie bronzée d'Addison. L'état général est satisfaisant, les symptômes gastriques n'ont pas encore fait leur apparition. Les malades souffrent cependant, à cette période, d'une soif ardente que rien ne peut calmer.

Comment la maladie va-t-elle évoluer ? A ce moment, la pellagre ne nous paraît point dangereuse ; si les malades se nourrissent bien, ils se remettent rapidement pour retomber presque toujours l'année suivante avec le retour du printemps. Si au contraire, ils prennent peu ou pas du tout, qu'ils se laissent entraîner par le mal, ils passent rapidement au deuxième degré de la pellagre que nous allons décrire.

A une période plus avancée, ce qui nous frappe le plus tout d'abord, c'est l'affaissement du malade. La faiblesse musculaire cause à cette époque, un tremblement des membres qui ressemble au tremblement sénile, une démarche hésitante, incertaine.

A ce degré correspond un ralentissement dans le délire, et les plus agités de nos malades subissent une dépression, qui malheureusement n'indique pas un mieux dans leur maladie, car elle fait rapidement place à une agitation des plus violentes. Le teint est généralement jaunâtre sale. L'érythème qui frappe non seulement les mains, mais aussi le visage, les troubles digestifs s'accentuent et leur gravité marque définitivement le malade d'une tare indélébile.

La peau des mains et du visage est épaissie, recouverte d'un épiderme dur, rugueux, fendillé, noirâtre. Les articulations métacarpo-phalangiennes, inter-phalangiennes, sont le siège de crevasses peu étendues, mais très profondes. Malgré l'opinion des auteurs, nous n'avons jamais trouvé de lésions des ongles qui se conservent normaux. La face est fortement bronzée et en même temps d'un rouge sombre se prolongeant dans les parties du cou dont les points ne sont pas protégés par les vêtements. Le nez présente une coloration encore plus foncée et en même temps des croûtes épidermiques, noirâtres, crasseuses, en desquamation. Les lèvres sont gercées, couvertes d'un enduit noirâtre, la langue rôtie, gonflée, couverte de sillons profonds, l'haleine fétide. Les gencives sont molles, fongueuses, saignantes, et nous avons pu constater dans un cas le dénudement à peu près complet des dents. Cet état inflammatoire buccal s'accompagne de ptyalisme. La lèvre inférieure est traversée, d'une commissure à l'autre, par un sillon transversal, assez étroit, recouvert d'un épiderme noir, épaissi, il y a aussi quelques croûtes noirâtres recouvrant des gerçures peu profondes.

Le suc gastrique est souvent moins acide chez les pellagreux. L'acide chlorhydrique est diminué (1). Ce fait nous prouve que la sensation de brûlure accusée par les malades à l'estomac et qui remonte vers l'œsophage, n'est pas due à l'acidité des sécrétions, mais à d'autres causes. Il est probable qu'il s'agit d'une sensation purement nerveuse ou qu'elle est sous la dépendance des lésions de la muqueuse, lésions analogues à l'érythème. Cette dernière hypothèse paraît plus

(1) Bouchard.

rationnelle, car la sensation de brûlure de la bouche est toujours concomitante de l'hyperhémie de la muqueuse et des autres lésions qu'on peut trouver dans la stomatite pellagreuse.

La stomatite s'installe avec tous ses symptômes. La diarhée, diarrhée persistante, tenace, indolore, vient nous montrer les symptômes suivants. Tout d'abord elle est verte, rappelant à s'y méprendre la diarrhée infantile ; elle est fétide, résistant aux médications les plus variées. Elle apparaît quelquefois dès les premières atteintes du mal, précédant ou suivant l'érythème, persiste tout l'été à des degrés divers, diminue notablement l'automne, disparaît l'hiver. Ce n'est que dans la période très avancée de la maladie qu'elle devient continue. Nous citerons en passant qu'il ne nous a été permis d'isoler de cette diarrhée que du vulgaire coli-bacille (1).

La pellagre à ce degré nous a donné plusieurs cas remarquables. Deux de nos malades, R..., 37 ans, et V. M..., 47 ans, ont fait, à ce degré de l'intoxication, une série d'abcès disséminés sur toute la surface de leur corps. Le point de départ paraît avoir été la première articulation inter-phalangienne du médius de la main gauche, chez l'une. Chez l'autre, les abcès débutèrent par la face. Le pus des abcès examiné au microscope ne nous a donné que du staphylocoque et n'a rien apporté d'intéressant à cette étude. Nous ne le citons que pour mémoire.

Les malades, à ce moment de la maladie, font peu ou pas de fièvre ; quelques légères pointes seulement vers 38°-37°5 interrompent une courbe qui se maintient constamment à 36°-36°5 avec des rémittences physiologiques de quelques

---

(1) Nous nous sommes servis pour cet examen du procédé de Rodet.

dixièmes de degré le matin. Mais ce qui nous paraît important, c'est la marche en avant des troubles nerveux à cette période. Surtout chez les aliénés, par lésion du système nerveux central, la pellagre accentue les caractères de la maladie. Les paralytiques voient leurs troubles parétiques augmenter, les déments l'affaiblissement radical de leur intelligence croître et embellir.

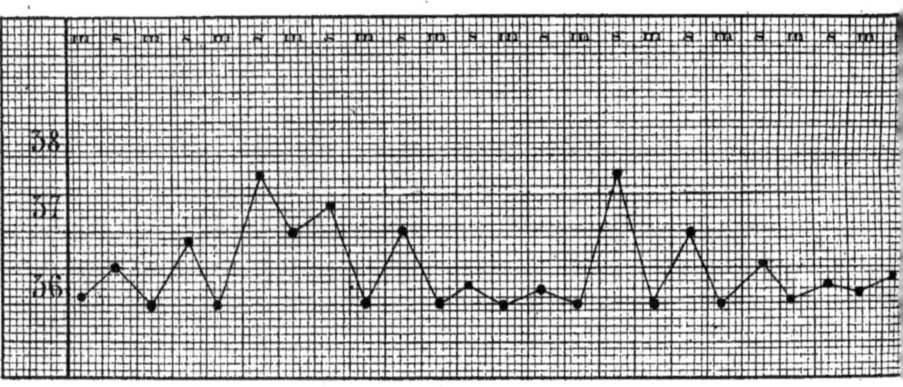

Chez tous, en général, les réflexes, diminués dans le premier degré, sont excessifs dans le second et quelquefois, mais très rarement, abolis. Les tremblements, dus probablement à la faiblesse musculaire, sont surtout à remarquer dans les membres supérieurs. L'atrophie musculaire et la parésie des membres rendent la marche presque impossible et analogue à celle des gens ivres. « Cette démarche, dit Belmondo, est lente, incertaine, l'individu tient les jambes très écartées pour avoir une base d'appui plus grande, rarement les membres sont en demi-flexion, souvent le malade ne peut marcher qu'en s'appuyant à l'aide d'une canne. »

Les sensations d'engourdissement et de crampes de membres sont très fréquentes et très prolongées. La céphalée est intense, le malade ne dort presque plus et n'a plus de repos.

Nous avons constaté dans d'autres cas une dissociation de la sensibilité. La sensibilité tactile et douloureuse est conservée. Quant à la sensibilité thermique, elle est abolie.

La santé générale va dépérissant, de l'œdème se présente aux pieds, rarement aux mains. Malgré quelques auteurs, il nous a été impossible de déceler, à un moment quelconque de cette période, à l'analyse des urines, les moindres traces d'albumine.

Par contre, la pellagre peut nous présenter alors une particularité très intéressante, elle peut imiter à s'y méprendre la paralysie générale et nous donner une paralysie pellagreuse justifiée par le déchet de la puissance nerveuse et musculaire. Nous en avons observé un cas typique :

Mme P..., née B..., 62 ans, est entrée à l'Asile en 1904. A son entrée dans l'établissement, la malade présente des idées de persécution et de suicide, elle s'agite beaucoup, et nous notons l'alcoolisme dans ses antécédents personnels. Peu de mois après, Mme P... fait une poussée de pellagre qui ne résiste pas à un régime alimentaire bien spécialisé et une médication tonique suivie. Or cette malade nous présente depuis près d'un mois (et trois ans après sa première atteinte) des troubles paralytiques, qu'un examen attentif, la connaissance de la malade empêchent seuls de confondre avec des troubles de paralysie générale. Son délire est devenu incohérent, présentant des idées de grandeur niaise, surtout des idées de richesse. La paralysie semble surtout s'attacher aux membres inférieurs, la malade est dans l'impossibilité de se tenir sur l'une ou l'autre jambe. La langue a de légers mouvements vermiculaires, mais seulement à la pointe. La parole est hésitante, traînante, embarrassée. Les pupilles sont paresseuses mais se resserrent encore lorsqu'on approche de l'œil une source lumineuse. Les réflexes tendineux sont abolis.

Notons en terminant que la malade dépérit beaucoup physiquement et marche à grands pas vers la démence.

Cette observation est d'accord avec les théories que soutenait déjà Baillarger en 1856, et nous ne pouvons mieux faire que rappeler ici le mémoire que vient de présenter à l'Académie de médecine, séance du 18 juin 1907, M. Marie (de Villejuif), mémoire dans lequel il dit que l'examen des Arabes aliénés de l'Asile Abbasseith montre qu'un certain nombre de folies paralytiques coïncident avec la pellagre et confirme l'opinion de Baillarger que la phase ultime de la pellagre peut réaliser un état identique cliniquement à la paralysie générale des aliénés.

Le troisième degré de la pellagre est le terme fatal de la maladie. A cette période toute médication est impuissante contre la cachexie progressive qui amène inévitablement la mort. La diarrhée, à ce degré, devient permanente. C'est le flux pellagreux de Strambio, diarrhée séreuse, incoercible, d'une fluidité aqueuse, indolore. Les malades sont dans une prostration extrême, en décubitus dorsal, la langue sèche et fuligineuse, dans une adynamie à peu près complète. La fièvre s'installe, sans grandes oscillations, variant entre 37° et 38°5. Le pouls est petit, filiforme, irrégulier. C'est à ce degré de la maladie que l'on voit apparaître les escharres qui se forment principalement au sacrum, aux épaules et à la région fessière. Le relâchement des sphincters est, alors, presque de règle. L'incontinence de l'urine et des matières fécales est habituelle.

Au commencement, en règle générale, les réflexes et surtout le réflexe rotulien sont exagérés. Plus tard ils peuvent être diminués ou même abolis.

La myélite pellagreuse débute par une parésie des membres inférieurs. La sensibilité est presque toujours intacte. Rarement elle est diminuée. Peu à peu la parésie cède la place à la paraplégie.

Le malade finit dans la cachexie la plus complète ou par maladie intercurrente, la broncho-pneumonie par exemple. Nous avons observé à cette période un ulcère à hypopion de l'œil gauche et une mort par gangrène sèche à la main.

C'est arrivé à ce degré extrême de la maladie que l'on constate une forme de la pellagre que nous désignons par le nom de typhus pellagreux ou pellagre à forme typhoïde. Ce sont, comme le nom l'indique, des accidents d'apparence typhique qui surviennent à la troisième période principalement, à la seconde quelquefois et qui prennent toujours une allure particulière. Pendant très longtemps, on a confondu cette forme de la maladie avec une typhoïde venant compliquer la pellagre, mais depuis Landouzy, Strambio, Lussana et Frua, on a vu que ce typhus revêtait des formes très caractéristiques qu'il fallait bien spécialiser. En effet, Billod ayant examiné deux cas de typhus pellagreux à l'hôpital majeur de Milan déclarait que l'on se trouvait en présence non d'une forme spéciale de la pellagre mais d'une fièvre typhoïde entée sur la pellagre. Landouzy rapporta une tout autre impression de l'examen de 4 malades observés par lui au même hôpital et n'hésita pas à appeler pellagre aiguë, cette forme particulière que les Italiens ont appelée depuis Acutisation typhoïde de la pellagre. Strambio, dans son Tertius annus, effleure déjà le sujet, mais l'observation lui manquait ; il décrit presque les caractères de ce paroxysme mais ne l'approfondit pas suffisamment. Ce sont MM. Lussana et Frua qui dans un mémoire paru en 1856, parlent du typhus pellagreux, qu'ils considèrent comme une phase secondaire (sottofase) et disent : « qu'il » arrive souvent qu'un pellagreux, déjà se trouvant en trai-

» tement dans la salle pour délire, entre d'un trait dans la » phase typhoïde, et y retombe plusieurs fois dans le laps » des quelques mois de son séjour. »

Divers auteurs ont parlé de ce typhus, particulièrement Nardi, Nobili, Verga, Lombroso et Venturi ; ce dernier a fait quelques recherches sur la température.

M. Th. Roussel considère l'Acutisation typhoïde de la pellagre comme un accident spécial d'intoxication, comparable presque de tous points aux accès de delirium tremens qui surviennent dans le cours de l'alcoolisme, intoxication alcoolique habituelle. Ce serait ainsi la pellagre toxique sous une forme accidentelle, mais sous sa forme la plus exagérée.

Martin, dans sa thèse inaugurale, cite un exemple d'erreur constaté à l'Hôtel-Dieu de Paris par M. Devergie, erreur qui consistait à prendre pour fièvre typhoïde, un typhus pellagreux.

Voyons après cet historique rapide, comment se présente à nous cette phase remarquable de la maladie. Ce sont les malades Mal. 54 ans et Mir. 64 ans, qui nous fourniront les principales indications.

Les malades souffrants depuis déjà quelque temps, mais qui quelquefois aussi sont au début de leur maladie, voient leur délire cesser brusquement. Couchés sur le dos, immobiles, on ne les entend que de loin en loin pousser de sourds gémissements.

Les muscles de la face sont contractés et par instants la face est grimaçante, nous l'avons surtout observé pour Mme Mir.

Les paroles qu'on leur adresse paraissent ne produire aucune impression sur eux et il faut les interpeller fortement pour qu'ils se retournent, et si peu ! La lumière paraît avoir une influence fâcheuse sur la vue de ces malades, ils la fuient, ramenant continuellement les couvertures sur leurs yeux. Nous avons constaté chez Mme Mir. une attitude recroquevillée qui ne rappelait cependant en rien la rétraction forcée de la tête, l'opisthotonos de Lombroso.

C'est à ce moment que la courbe de la température, qui se maintenait à 37°, 38° présente une brusque ascension vers 39° 5, 40° ; elle va se maintenir ainsi plusieurs jours, trois, quatre à peu près, puis la malade tourne court, la température baisse en lysis rapidement, le malade guérit.

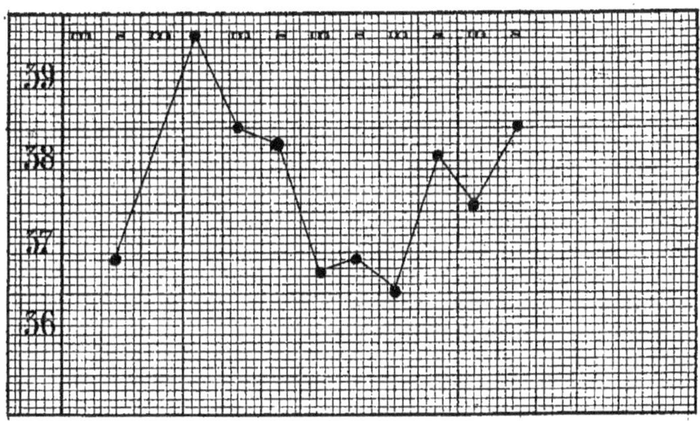

Mais malheureusement, le plus souvent notre pellagreux tombe dans le collapsus et meurt. Signalons que jamais nous n'avons, comme le veut Lombroso, constaté des températures de 41, 42 degrés. Nos malades ont à ce moment une diarrhée incoercible, à odeur infecte, des vomissements assez fréquents. La langue est sèche, rôtie, les bords très rouges, couverte au milieu d'un enduit noirâtre, avec quelquefois des gerçures assez profondes. L'haleine est fétide et, chose remarquable, les malades sentent horriblement mauvais. Le ventre est un peu ballonné, mais les taches rosées lenticulaires n'apparaissent jamais et les gargouillements dans la fosse iliaque droite ne se présentent pas. La palpation est mal supportée. On ne constate jamais d'épistaxis, le pouls est fréquent, filiforme, à 120. Les malades urinent peu, des urines où l'urée est presque disparue, les chlorures très augmentés. La mort est la terminaison ordinaire du typhus pellagreux et, si le malade guérit, cette guérison est très trompeuse. Après quelques jours, le malade retombe dans un état plus grave et ainsi de suite jusqu'à ce que la maladie se résolve par la guérison ou par la mort.

C'est à cette période aussi, que nous avons pu constater chez un de nos malades B. J. des ulcérations nombreuses de la bouche et de tout le pharynx ; ces ulcérations d'un rouge sombre rappelaient assez l'érythème en desquamation avec lequel elles concordaient. Le malade se releva de sa maladie, végéta quelques jours et ne tarda pas à retomber dans un typhus nouveau qui l'emporta.

Ces rechutes fréquentes sont un des caractères singuliers de ce typhus. On a vu des individus chez qui la guérison avait été franchement obtenue, repris au bout de quelques mois des mêmes phénomènes, récidives qui sont exceptionnelles dans la fièvre typhoïde ordinaire.

Une complication qui paraît assez commune dans le typhus pellagreux est l'ulcération de la cornée que nous avons déja rapportée.

Les complications pulmonaires et bronchiques ne sont pas aussi communes que dans la typhoïde ordinaire. Les phénomènes d'hypostase sont très rares ainsi que la pneumonie fibrineuse.

Il y a rarement des hémorragies intestinales, des perforations et des symptômes de péritonite, ce que l'on conçoit sans peine puisque l'intestin ne présente que de la rougeur, et jamais les ulcérations des glandes intestinales.

Nous venons de donner aussi nettement que possible les principaux symptômes de la pellagre et au cours de notre description, nous avons essayé de montrer la marche différente de la maladie dans ses diverses étapes avec les particularités que chacune peut présenter. Nous sommes cependant obligés de nous avouer que notre division en trois périodes, si elle donne une vue très nette de l'infection, n'a rien d'absolu et que la pellagre peut évoluer suivant des modalités bien différentes des formes ordinaires. En effet, sauf le premier degré qui existe toujours, plus ou moins long, plus ou moins fugace, les autres formes de la maladie peuvent se présenter sous les aspects les plus inattendus.

A côté des malades dont la maladie traîne en longueur, qui se relèvent pendant plusieurs années de suite ou pour toujours de leur pellagre, n'en voyons-nous pas qui, quelques jours après leur première atteinte ou leur deuxième, troisième rechute, font tout à coup une poussée aiguë qui les enlève en quelques jours ? Quelques autres parmi nos aliénés pellagreux, au contraire, supportent depuis de longues années des rechutes annuelles qui, les affaiblissent peu à peu, sans doute, mais qui ne les entraînent nullement à la mort.

Reste à dire quelques mots d'une forme spéciale de la maladie, que les Italiens connaissent fort bien et qu'ils ont appelée pellagra sine pellagrâ, pellagre sans pellagre, c'est-à-dire pellagre sans érythème. Cette forme est très rare et il ne nous a pas été donné d'en observer un seul cas. Mais, notre maître, Monsieur le professeur Mairet, qui observe depuis longtemps des pellagreux, nous a donné les caractères de cette forme qu'il a eu l'occasion de rencontrer. Cette pellagre est caractérisée par l'absence de l'érythème, mais tous les autres symptômes existent, tels que nous les avons donnés : affaissement, diarrhée,, troubles nerveux, troubles moteurs aussi graves que dans la pellagre ordinaire, plus dangereux parce que moins faciles à diagnostiquer par l'absence du signe révélateur de la pellagre, l'érythème. Nous avons ainsi terminé avec la symptomatologie de la pellagre. Il ne nous reste qu'à signaler un point qui semble laissé un peu de côté et à étudier rapidement les rapports qui existent entre la gravité de la maladie et l'érythème, rapports que nous croyons importants. En effet, de l'ensemble de nos observations, il nous paraît résulter que les troubles cutanés sont d'autant plus importants que le malade est plus atteint. Nous ne voulons pas dire par là que l'érythème augmente à mesure que l'infection évolue, mais bien. que dès le commencement de cette infection la gravité du mal sera pour ainsi dire barométrée par la gravité de l'érythème.

La profondeur de la lésion cutanée marque d'une façon très nette l'inportance de l'infection et, si quelquefois, très rarement, on trouve des cas de pellagre très graves sans troubles cutanés, par contre dans la généralité des cas, ces derniers sont en raison directe de l'intensité de la maladie.

Regardons, en effet, un malade, qu'il soit atteint depuis peu ou qu'il soit à sa seconde récidive, malade sans grands troubles intestinaux ni mentaux. Nous le voyons avec un érythème très brun, mais sans lésions profondes de l'épiderme, érythème qui guérira très facilement avec une desquamation très légère et presque sans traitement local. Si, au contraire, nous examinons un malade brusquement frappé par un typhus pellagreux, nous voyons les mains toutes crevassées parsemées de vésicules, la peau profondément atteinte, présenter des lésions qui, s'il y a guérison ou rémission, seront très longues à revenir à l'état primitif et garderont durant des mois les traces de la maladie.

Ce rapport nous a paru intéressant à décrire et, si nous ne l'avons trouvé signalé dans aucun ouvrage s'occupant de la question, nous pouvons affirmer que c'est l'observation journalière de nos malades qui nous permet de l'exposer ici, nous pouvons prétendre aussi qu'il a une importance dans le pronostic de la maladie.

Disons en terminant cette symptomatologie que la pellagre nous paraît une maladie très grave, et que les aliénés qui en sont atteints sont à tout jamais frappés d'une déchéance dont le terme plus ou moins lointain, est presque toujours fatal. Nous avons eu 14 décès sur 41 obervations. Ces chiffres seuls sont suffisamment éloquents et se passent de tous commentaires.

Nous avons pensé à analyser les urines, désirant voir l'état de la nutrition par l'examen de l'élimination. Les résultats ont été très nets et nous les rapportons sans commentaires. L'urée a dans toutes nos analyses, faites sur 12 malades et cela à plusieurs reprises, montré une diminution considérable. C'est ainsi que nous avons obtenu par litre, les moyennes de 14 gr. 1, 19 gr. 3, 14 gr. 5, 15 gr. 1, 9 gr. 1, chez des malades qui n'urinaient pas plus de 1.200 à 1.500 grammes. Par contre, les chlorures sont augmentés dans des proportions considérables et nous avons obtenu pour ces mêmes malades et toujours par litre : 15. 7, 16. 2, 14. 7, 15. 4, 17. 5.

Cette diminution de l'urée indique combien la nutrition est troublée et l'augmentation des chlorures, la déminéralisation nous paraît être l'image parfaite de la maladie, en montrant la dénutrition complète de l'organisme.

Nous avons aussi examiné le sang des pellagreux afin d'essayer d'en retirer une indication. Ce sang qui, d'après Carlo Ceni, serait toxique, ne nous est apparu que comme normal ou à peu de chose près.

Nous avons obtenu, en effet, chez des pellagreux très avancés, les numérations globulaires suivantes :

Globules rouges	3.880 000
Globules blancs	6.400

Quant à la formule leucocytaire, nous avons constaté :

Polynucléaires	74/100
Mononucléaires	18/100
Lymphocytes	8/100
Eosinophiles	0.8/100

Ces nombres sont à peu près normaux et n'indiquent guère qu'un léger degré d'anémie. Nous sommes en cela d'accord avec les auteurs qui se sont occupés de la question.

Le docteur Néagœ, pellagrologue roumain, dans un ouvrage médaillé par l'Académie de Bucarest, soutient que l'examen du sang des pellagreux ne présente rien de pathologique ; les globules blancs ainsi que les rouges ne présentent rien d'anormal tant au point de vue forme que nombre. Mlles Grigovesco et Galasesco, dans la revue Spitalul de 1903, publient sous le titre « Hématologie in pellagra » leurs recherches faites sur le sang de sujets atteints de pellagre ; elles trouvent chez tous une légère anémie de sang, une diminution de l'hémoglobine, une faible augmentation du nombre de globules blancs avec une augmentation de mononucléaires aux dépens des lymphocytes et polynucléaires neutrophiles.

Nous ne voudrions point terminer cette étude de la symptomatologie de la pellagre sans dire quelques mots d'un point intéressant de cette maladie, nous voulons parler de sa chronicité ou plutôt de sa récidivité.

Il est constaté, cliniquement, que les manifestations pellagreuses apparaissent et disparaissent, qu'elles s'aggravent et s'atténuent à des époques déterminées, avec une marche ascendante et descendante assez régulière pendant quelques années. Certains auteurs considèrent, pour ces motifs, la pellagre comme une maladie chronique caractérisée par des exacerbations et rémissions périodiques.

Pour Turzec et Néagoe, la pellagre est une maladie générale qui procède par à-coups avec des accès et rémissions périodiques, les exacerbations se faisant toujours régulièrement au printemps.

Pour Polarca et d'autres, l'affection n'aurait rien de chronique et les récidives ne seraient que le résultat de l'intoxication successive.

Maurelli considère au contraire que les phénomènes pellagreux ont pour caractère constant de se produire à des intervalles de temps déterminés malgré la disparition de la cause spécifique.

Dans sa thèse inaugurale, Triller adoptant la façon de voir de Bonfigli considère que la maladie n'est pas chronique, mais récidive chez des personnes qui après guérison sont restées exposées aux mêmes causes qui les ont rendues une première fois malades.

Devant les récidives nombreuses que nous avons pu noter, récidives qui ont lieu toujours à la même époque, c'est-à-dire au printemps, devant les cas, rares il est vrai, de complète guérison que nous possédons, il ne nous paraît pas possible de considérer la pellagre comme une maladie chronique. Cette conception d'une maladie toxique pouvant avoir une marche cyclique, nous paraît peu vraisemblable. Ne vaut-il pas mieux admettre, que nos malades insuffisamment désintoxiqués se trouvant au commencement du printemps dans un état de moindre résistance, sont ressaisis par la maladie qui profite de ce moment favorable pour exercer son action ?

Le printemps marque, en effet, à l'asile, avec netteté une période d'agitation et une série d'embarras gastriques, dont nous n'avons pas à étudier l'origine, mais cette agitation, ce mauvais état de tube digestif, les premiers rayons du soleil nous paraissent, comme nous l'étudierons tout à l'heure, suffisants pour expliquer la récidivité de la maladie chez nos malades, qui ne sont plus pellagreux si ces trois conditions sont écartées. Ce n'est pas toujours facile, il est vrai.

ETIOLOGIE

De ce que nous venons de rapporter, il est par conséquent certain, absolument certain, qu'à l'asile de Montpellier, nous avons, malheureusement, hélas ! de la pellagre. Rien dans l'alimentation soit du pays, soit de l'établissement, ne peut nous faire penser à l'intoxication par le verdet du maïs. Le maïs est, en effet, complètement inconnu dans la cuisine du pays, et à l'hôpital de Montpellier il n'entre pour rien dans l'alimentation. Le pain y est d'excellente qualité et les analyses de farine, exécutées avec soin, à chaque livraison, par le laboratoire de pharmacie, sous la direction de M. le professeur Jadin, n'ont jamais donné sous le microscope aucune trace de parasites (1). Le régime alimentaire de l'asile n'est point luxueux, ni trop confortable, cependant on ne peut que lui reprocher une chose, c'est l'insuffisance des viandes. Les légumes sont bons, abondants, et nous croyons qu'ils nourrissent suffisamment des malades qui ne n'agitent pas, qui ne travaillent pas non plus.

Hâtons-nous d'ajouter que ce régime n'est ni celui de ceux de nos aliénés qui se trouvent dans le premier cas, ni celui

---

(1) Il y a déjà quelques années, MM. les professeurs Mairet et Ardin-Delteil, avaient déjà fait des examens des farines pour y rechercher l'ergot.

de ceux qui se trouvent dans le second. Les médecins ont toute liberté de donner aux malades l'alimentation qui leur convient, et ils usent de cette faculté avec largesse. Nous terminerons en disant que tous nos malades ont du vin à chaque repas, ce qui permet de rejeter de suite l'opinion de Jacopo Perrodi et de Roussel, qui ont voulu incriminer l'absence de cette boisson.

Il nous faut donc rechercher, essayer au moins de rechercher, disons-nous, quelle peut bien être l'origine, l'étiologie de cette maladie chez les malades que nous avons observés. Pour cela, nous allons examiner ce que sont nos malades arrivant à l'asile, ce qu'ils deviennent pendant leur séjour hospitalier, considérant en effet que pour devenir pellagreux il faut une constitution particulière, un ensemble de tares qui se trouvent remarquablement réunies chez eux, constitution qui est le fruit des antécédents héréditaires et des antécédents personnels de ces malades.

Sauf de rares exceptions, la plupart de nos malades hommes sont des cultivateurs, des terrassiers, des petits propriétaires exploitant eux-mêmes leurs vignes, et par conséquent se livrant aux travaux manuels. Presque toutes nos femmes sont des journalières, travaillant aux champs, des femmes d'ouvriers s'occupant du ménage, d'une progéniture quelquefois très nombreuse, et chargées presque toujours d'équilibrer un budget bien pénible. Et, si le travail met à l'abri de l'aliénation mentale plus qu'il n'y expose, toutefois quand il est excessif, il peut éveiller une prédisposition latente.

Nous sommes obligés de constater que, malgré le dire des auteurs, le sexe paraît avoir une influence et que les femmes semblent être frappées plus que les hommes par la maladie. Nous voyons, en effet, que sur nos 41 malades il y a 26 femmes et seulement 15 hommes. Notre statistique est d'accord en cela avec celles de Calderini, Albara, Procopiu, et nous établirons pourquoi, en étudiant l'agitation chez nos aliénés, il nous paraît logique que la femme qui dans son délire est toujours ou presque toujours plus violente que l'homme, qui en même temps a un organisme plus fragile, soit plus rapidement, plus fréquemment frappée. « La femme, dit Del Greco, possède toujours un germe de mélancolie, qui réside dans sa plus grande émotivité et la faiblesse notoire de ses réactions volontaires. » Au reste ses fonctions physiologiques — menstruation, grossesse, lactation, — rendent compte de cette infériorité, ainsi que des troubles que l'on peut considérer comme d'origine auto-toxique et qui en dépendent, la femme présentant alors, comme l'ont montré Mairet et Bosc, Régis, Dide, par suite des altérations dont le foie et le rein sont le siège, sous l'influence des perturbations de la nutrition, des phénomènes d'auto-intoxication dont l'éclampsie est un exemple.

La commission chargée d'étudier la pellagre au Congrès de Nantes (1846) signalait déjà comme causes prédisposantes l'accouchement, l'allaitement et la convalescence des maladies graves.

L'âge en lui-même, en tant qu'il imprime à l'organisme une manière d'être spéciale, n'a pas encore été défini d'une façon nette et précise, et vouloir lui assigner une influence quelconque dans la pathogénie de la pellagre serait, ce nous semble, devancer de beaucoup les données de la science et de l'observation. Si nous considérons cependant notre tableau, nous sommes étonnés de voir que ce sont surtout des malades âgés, très âgés même, que la maladie a frappés, leur organisme, rendu délicat par l'usure et par le défaut de développement, étant incapable de lutter efficacement contre toutes les causes de débilitation qui l'environnent. Nous vooyns, en effet, dans notre tableau, que ce sont surtout des malades âgés de 40 à 60 ans qui sont frappés, et nous sommes d'accord, en cela, avec les auteurs italiens. Potorca, dans une statistique de 17.027 observations, constate lui aussi que près de 60 % de malades ont dépassé 41 ans.

Hommes ou femmes, tous ou presque tous nos malades sont originaires du département de l'Hérault ou des départements limitrophes, départements qui jusqu'à ces dix dernières années, furent riches, très riches, dans lesquels on dépensait l'argent à pleines mains, sans compter, mais qu'une crise économique aussi brusque que longue vient de condamner à une pénurie, une misère aussi bien physique que morale. Nous trouvons, en effet, dans notre statistique, 3 malades dont la situation de fortune n'indique pas la misère.

Mais n'existe-t-il pas à côté de la misère physique qui donne la pauvreté, une misère physiologique occasionnée par les chagrins profonds, les maladies et toutes les causes débilitantes, misère dont aucune classe de la société n'est à l'abri :

Si nous examinons la littérature médicale, nous voyons de nombreuses observations de pellagre consécutives à des troubles moraux. Courty nous rapporte le cas d'une malade du Vernet, qui, dans une grande aisance, se nourrissant bien, fut frappée après avoir éprouvé durant quatre ans des chagrins violents. Une des malades de Villemin n'accuse d'autre cause de son mal que des contrariétés assez vives. Les médecins de la Gironde rapportent plusieurs observations dans lesquelles on ne peut méconnaître les mêmes causes. Au même ordre de faits se rattache le récit curieux contenu dans une lettre adressée à M. Benvenusti (*Gazette médicale de Padoue*) par le docteur Forissini. Cette lettre renferme l'histoire de 5 cas de pellagre survenus chez des jeunes filles qui avaient été prises d'une extrême terreur en voyant le champ de bataille de Solférino.

Mais la folie n'est-elle pas le type de cette misère morale ? Et alors se pose à nous cette question : Quelle est l'influence de l'aliénation mentale sur la pellagre ? Cazenave paraît être le premier qui ait observé le développement de la pellagre chez les aliénés. Mais c'est à Billod que revient l'honneur d'avoir étudié à fond cette question. Malgré sa compétence et les statistiques nombreuses qu'il a faites, nous ne sommes point de l'avis de cet auteur. Si nous considérons l'Asile de Montpellier, nous voyons que la pellagre n'y existe que depuis 15 à 20 ans, qu'avant elle y a été inconnue durant de longues années. Les renseignements de nos camarades internes à Bourges, Saint-Alban, Aix, nous montrent que jamais la pellagre n'a été constatée dans ces établissements. La cause paraît pour nous être tout autre, et tout en admettant que l'aliénation mentale a une influence sur la production de la pellagre, nous pensons qu'il faut une autre raison déterminante, raison que nous examinerons à la fin de notre travail. Pour Billod, en effet, on aurait dans les asiles une proportion de 9,5 pellagreux sur 1.000 aliénés, alors que, à l'extérieur, sur un nombre présumé de 2 millions d'individus placés dans des conditions hygiéniques propres à favoriser le développement de la pellagre, on n'en trouverait que 1 sur 2.500. Billod a singulièrement exagéré le rôle de l'aliénation ou a trop vite généralisé ses observations de Saint-Gemmes. L'Asile de Saint-Gemmes se trouvait, à peu près, dans les conditions de celui de Montpellier : encombrement, vétusté des locaux et de plus mauvaise alimentation y régnaient en maître, et nous pensons que ce sont eux qu'il faut surtout envisager. Pour nous, qui admettons l'influence des causes morales dont l'aliénation mentale n'est, pour ainsi dire, que le *nec plus ultra*, qui admettons l'influence des causes débilitantes, parmi lesquelles l'aliénation mentale tient un des premiers rangs, nous pensons que la folie en général est une cause prédisposante de la pellagre, mais qu'elle prédispose moins que certains facteurs que nous examinerons tout à l'heure, l'agitation, la mauvaise hygiène par exemple.

Si nous consultons le rapport de la commission de la tuberculose (Paris, 1900, article de la Varenne, alcoolisme et tuberculose), nous constatons que c'est au département de l'Hérault que revient avec la Seine et le Calvados le triste honneur de tenir la tête en France pour la consommation de l'alcool (31 litres 47 d'alcool à 100 degrés par habitant). La consommation des essences exerce des ravages de plus en plus grands et le nombre des alcooliques qui rentrent à l'asile va sans cesse croissant. Si nous considérons le tableau où sont réunies nos observations, nous ne pourrons qu'être frappés de la proportion d'alcooliques qui rentre dans nos 41 pellagreux. Nous en trouvons, en effet, 16, mais 16 certains, 16 invétérés, parmi les autres il peut y en avoir encore qui se soient livrés à la boisson, mais les renseignements nous manquent et nous ne désirons avancer que des faits absoluments sûrs. Si nous étudions tous les différents ouvrages, les différentes thèses parues depuis peu sur la pellagre, nous voyons que dans presque toutes les observations le facteur alcool entre pour une grande part. Cecconi, dans sa thèse inaugurale, cite 6 observations personnelles, et nous retrouvons l'alcool dans 5 de ces observations : les médecins espagnols considèrent l'alcool comme une des causes principales de la pellagre ; il en est de même avec Hardy, Babès, Perrin, Gaucher et Barbe. A côté de l'alcool, nous ne notons guère de tuberculeux parmi nos malades, point de cancéreux non plus, mais presque tous sont des héréditaires nerveux, des miséreux, autant au point de vue psychique qu'au point de vue physiologique. Ces malades n'avaient jamais fait de pellagre, et c'est (voir le tableau) 1, 2, 3, 10, 20, 24 ans même après leur entrée à l'Asile qu'ils deviennent pellagreux : le fait mérite d'être noté et nous insistons sur ce point, qui nous permettra peut-être une pathogénie de la maladie.

Mais considérons nos malades et voyons quelle est la forme de l'aliénation mentale dont ils sont atteints. Si nous examinons notre tableau, nous établirons que sur ces 41 malades, nous avons, atteints de :

Manie	12
Lypémanie	6
Idées de persécution et de grandeur	7
Paralysie générale avec démence	4
Démence sénile	2
Démence secondaire	3
Confusion mentale	3
Epilepsie	1
Débilité intellectuelle avec manie	1
Folie alterne avec agitation et dépression	1
Phobomanie	1

Les formes d'aliénation mentale sont donc très variées, et l'on ne peut guère attribuer à l'une ou l'autre forme plus de sensibilité pour la maladie qui nous occupe.

Malgré l'avis de Billod, qui pense que la manie prédispose à la pellagre, malgré aussi que notre statistique nous montre le grand nombre de maniaques pellagreux, la raison nous paraît tout autre, et c'est surtout dans l'agitation que nous allons rechercher la cause de l'apparition de la maladie. Car, si tous ces malades sont différents, il y a un point qui les rapproche sur lequel notre tableau et les rapports journaliers nous fournissent des renseignements précis, c'est que tous ces malades sans exception sont des agités et des agités incessants auxquels rien ne peut arriver à donner le calme. Ces malheureux, dans leur perpétuel état de surexcitation, ne pensent qu'à suivre le fil de leurs idées, sans cesse errantes, et tous les actes de la vie végétative leur sont indifférents. Ils se nourrissent mal et même pas du tout : il en résulte qu'ils sont les premiers frappés, car c'est toujours aux malades les plus agités qui s'alimentent mal ou pas du tout que la pellagre demande le tribut le plus lourd. En effet, que nous examinions un de ces malades, maniaque, lypémaniaque, paralytique, dément, peu importe, nous le voyons sans cesse en mouvement, criant, gesticulant, courant d'une porte à l'autre, de la grille à la fenêtre, de la fenêtre à la grille. Que l'heure du repas arrive, notre malade va continuer à suivre son délire, et c'est en vain que les infirmiers ou infirmières le conduiront à table, lui mettront l'assiette sous les yeux, la cuillère en main. Il mangera peu ou pas du tout, mais toujours dans les plus mauvaises conditions au point de vue digestif, c'est-à-dire sans mâcher, rapidement, à gros morceaux.

Ce défaut dans l'alimentation est surtout prononcé dans la période de quinze à vingt jours qui précède l'apparition des symptômes cutanés ; non seulement les aliments sont pris en trop petite quantité, mais ils ne sont acceptés qu'avec répugnance et sous l'influence de la contrainte, circonstances éminemment défavorables à l'accomplissement normal des phénomènes de digestion.

Que va-t-il arriver d'un pareil état de choses ? Rien que de fatal. Le malade, qui dans son agitation brûle énormément, qui aurait besoin de se bien nourrir, de se suralimenter, va faire de la dénutrition, de l'autophagie, et maigrissant rapidement, devenir un *locus minoris resistentiæ* aux actions microbiennes. S'il se nourrit mal, il ne tient aussi aucun compte de ses besoins physiques. Il reste facilement plusieurs jours sans aller à la selle et fait ainsi de la stagnation intestinale. Son système nerveux, déjà délabré par la maladie, par les causes de cette maladie, horriblement secoué par une agitation qui dure depuis des semaines, depuis quelquefois des mois entiers, va dépérir et, comme le système musculaire qui disparaît, présenter des troubles trophiques qui à la peau nous donnerons l'érythème.

On connaît l'influence des sensations périphériques venues des organes sur la nutrition de ces mêmes organes. D'autre part il est avéré que chez les grands agités la sensibilité subjective est fortement troublée dans la majorité des cas.

N'y aurait-il pas dans le déséquilibre de la circulation nerveuse, qui est le fonds même de l'agitation, une cause favorisante à l'égard des agents extérieurs qui déterminent les accidents cutanés et digestifs ?

« La sensibilité, dit Claude Bernard, donne le signal qui accélère et ralentit le mouvement de la nutrition. Mais ce n'est pas tout : elle ne se borne pas à donner l'ébranlement initial et unique qui provoque le grand sympathique ; elle produit une série d'ébranlements qui l'avertissent, pour ainsi dire, de l'état des organes, de façon à régler son intervention sur les besoins du moment. » (Claude Bernard, *Chaleur animale*.)

Il résulte de cette phrase que les sollicitations venant d'une partie du corps étant normales, les mouvements réflexes seront également normaux et réciproquement. Tout va bien comme sensibilité, parce que tout va bien comme irrigation, nutrition, résorption, sécrétion, etc... Depuis Claude Bernard, l'influence de la sensibilité est très bien connue, et l'on sait fort bien que l'action directrice du système nerveux étant abolie, on voit des troubles nutritifs se produire de toutes parts. A la peau, ce sont des éruptions, des ecchymoses, des escharres, à l'abdomen des altérations viscérales. Les mouvements psychiques peuvent engendrer des effets analogues : des urticaires, des eczémas, des purpuras sont provoqués par une émotion. Dupuytren avait remarqué la fréquence des maladies cutanées en temps de révolution, et Arnozan, dans sa thèse d'agrégation, soutient qu'il n'est aucune affection de la peau qui ne soit susceptible de se développer sous une influence nerveuse. Or, nos malades sont en majorité des alcooliques au système nerveux en état de complète confusion, toujours des agités au cerveau hyperexcité. Dans les deux cas, l'organe fonctionne mal, pas du tout ou dépasse la limite et s'égare dans un sens, celui du délire qui domine le malade. Sous cette influence, la sensibilité est à peu près abolie, et comme le dit Arnozan, les lésions trophiques, aussi bien chez l'homme que chez l'animal, semblent se montrer dans un organe ou un tissu en proportion directe des propriétés sensitives qu'il présente. Comment alors ne pas comprendre que ces malades, qui ne vivent que pour leur délire, auxquels le monde extérieur n'est rien, que les besoins physiques ne touchent même pas, qui, de plus, sont, de par le fait de leurs antécédents, tous prédisposés à la maladie, ne réalisent cette maladie alors que ceux qui les entourent n'en sont points atteints. A un premier degré, qui est, nous le croyons, curable, on n'a que des troubles de l'innervation marqués par un délire plus actif ; il semble qu'à cette période la cellule cérébrale soit seule atteinte dans sa partie intime, il y a trouble de la constitution chimique de la cellule, trouble que l'éloignement des causes adjuvantes fera disparaître. A un degré plus avancé, les troubles sont plus marqués, il y a lésion nerveuse centrale et périphérique, les lésions trophiques se font à la peau, à l'intestin, érythème d'un côté, ulcération de l'autre, les sécrétions sont taries, le malade éprouve une soif ardente, causée par le non-fonctionnement de ses glandes salivaires, par l'hypo-acidité de son suc gastrique. Au terme fatal de la maladie, nous trouvons l'abolition, l'anéantissement du système nerveux, anéantissement qui, nous l'avons vu, peut simuler la paralysie générale.

Et nous arrivons à cette conclusion : N'est-ce pas à cette agitation que pensait déjà Billod quand il disait : « La manie prédispose à la pellagre. » N'aurait-il pas confondu la cause avec l'effet, la manie avec l'agitation maniaque ? Gros problème, que nous n'osons résoudre.

Parlant de l'agitation, nous venons de dire peut-être bien : cette agitation détruisant la sensibilité nerveuse amène les troubles qui font l'érythème, nous allons nous demander maintenant comment les troubles se font toujours aux mêmes parties du corps, se localisent aux mêmes membres. C'est le soleil ardent de Montpellier qu'il faut incriminer, soleil qui, venant darder ses rayons sur ces parties du corps découvertes, toutes disposées aux troubles trophiques, de par le fait de la maladie et de la mauvaise innervation, va faire apparaître l'érythème. Ici, nous sommes obligés de reconnaître avec Bouchard, l'influence de l'action solaire sur l'apparition de l'érythème pellagreux. C'est avec les premiers rayons de mars-avril, quelquefois même de février qu'il se montre à nos yeux, et l'observation suivante due à M. le professeur Vires (Thèse Zartarian) au service des vieillards, dans l'Hôpital-Général, nous montre bien l'influence des rayons solaires.

« R... L..., quarante-six ans, né à St-Maurice, entré à l'hôpital le 18 mars 1899, chez les vieillards, pour un commencement de paralysie générale. Profession : facteur d'abord, garde-champêtre ensuite.

Son père bien portant, mais sa mère, d'une santé précaire, toussant et crachant beaucoup, est morte poitrinaire.

Tout jeune, il a eu la variole, puis une pleurésie, un chancre induré. Il aime beaucoup l'alcool.

Depuis neuf ans, il voit la peau du dos des mains s'éplucher chaque année au mois de mai, la desquamation dure à peu près deux mois, puis la peau reste pendant l'hiver brunâtre et sèche. Il ne peut nous fixer sur le début réel de sa maladie, il dit avoir eu lourdeur de tête, perte de mémoire et surtout de la diarrhée, mais c'est tout.

Actuellement, l'érythème est localisé deux travers de doigt au-dessous de l'articulation radio-carpienne et descend jusqu'aux deuxièmes phalanges des deux mains. Il est à remarquer que l'érythème se trouve exactement au dos de la main, quand celle-ci est en flexion ou au repos. La limite supérieure est bornée par la manche assez longue de sa veste.

Tout autour de l'érythème la peau est cuivrée, d'abord brune et ensuite blanche. Le derme que l'on remarque sous la pelure de l'érythème est rouge foncé.

Le malade nous dit qu'il sent des gouttelettes de feu tomber sur la peau de sa main s'il l'expose au soleil ; à part cela, il a une démangeaison.

A la nuque, il y a quelques plaques, ainsi qu'au front, très insensiblement. Le malade dit que ces érythèmes gagnent de superficie chaque année, et depuis 9 ans c'est la première fois qu'il a des plaques érythémateuses au front et au cou.

Il mange très peu, il a de l'anorexie, il ne peut pas voir la viande. La langue mince, rouge, fendillée. L'estomac normal, pas de diarrhée actuellement, mais il a eu la diarrhée il y a quatre ou cinq ans ; pendant ce temps, il lui était impossible de garder ses fèces.

Il a la tête lourde, une rachialgie continuelle. La sensibilité est conservée. Ses réflexes rotuliens radiaux sont conservés. La marche est sautillante.

Les artères petites et pleines, le cœur petit à la percussion, a des battements assez forts et nets à l'auscultation, le premier bruit est un peu fort.

Ni sucre, ni albumine dans ses urines, pas d'œdème dans les jambes.

Rien à signaler à ses poumons.

L'état général du malade est assez bon à cause d'un traitement tonique auquel il est soumis. »

Si nous avons cité cette observation en entier, c'est d'abord qu'elle ne nous est pas personnelle et que nous ne pouvions la faire entrer dans notre tableau ; deuxièmement, et surtout, c'est que le malade présentait une particularité remarquable. M. le professeur Vires s'était livré à l'expérience suivante : son malade portait dès l'apparition de son érythème, soit à l'une, soit à l'autre main alternativement, un gant qui la protégeait contre les rayons solaires et, alternativement aussi, la main laissée à nu ne tardait pas à devenir brune et à se desquamer en passant par les différentes étapes de l'érythème.

L'action des rayons solaires est donc évidente et les expériences de Perroud en augmentent la certitude.

Perroud a fait les expériences suivantes, qui prouvent l'influence des rayons solaires :

I. — Appliquant sur la peau les divers rayons reçus avec une lentille pendant 30", il a constaté que :

1. Les rayons violets ont produit une phlyctène.
2. Les rayons bleus ont produit une cuisson.
3. Les rayons verts ont produit une rougeur.
4. Les rayons jaunes ont produit une cuisson.
5. Les rayons rouges n'ont rien produit.

II. — Il a voulu voir combien de temps il faut pour produire la rougeur, par le même procédé, et a trouvé que :

1. Les rayons violets ont produit la rougeur en 12".
2. Les rayons bleus, 15".
3. Les rayons verts, 18".
4. Les rayons jaunes, 17".
5. Les rayons rouges, 30".

Pour soutenir cette théorie Perroud croit que le soleil du printemps envoie plus de rayons violets. Cette hypothèse n'est confirmée par aucun fait malheureusement. Mais, si l'action du soleil est évidente pour l'éclosion de l'érythème, elle n'est pas suffisante à elle seule pour faire éclater les troubles.

Nous avons en effet observé 2 cas de malades ayant de l'érythème sur les parties du corps protégées contre le soleil.

De plus, nos malades sont tous dans les mêmes conditions et tous de même exposés à la lumière du soleil, et si nous considérons certains malades, et ils sont en grand nombre, nous voulons parler de ceux qui vont travailler au dehors, tous les jours, aucun, jamais aucun n'a présenté de la pellagre. Cependant ils sont les plus exposés au soleil. Il existe, en effet, à l'asile de Montpellier, près de 100 malades qui vont cultiver, tous les jours, soit les vignes, soit les jardins potagers de l'asile, ou enfin qui vont travailler aux ateliers. Il n'est guère possible de voir des malades mieux exposés à la lumière solaire, et nous disons intentionnellement à la lumière, car d'après les travaux de Perroud la lumière réfléchie est aussi dangereuse, si ce n'est plus, que la lumière solaire directe. Or il nous a été impossible de découvrir parmi ces malades un seul pellagreux.

L'action du soleil, dit M. Raymond, paraît incontestable, mais elle n'explique pas tous les faits ; il est certain qu'il y a d'autres causes qui exercent une influence sur la localisation cutanée, mais la nature de ces causes nous échappe. Pour le prouver, M. Raymond nous apporte certains faits, tous remarquables. Des individus portant des bas continuellement et présentant l'érythème du dos des pieds ; des individus depuis longtemps à l'hôpital, ne s'étant pas exposés au soleil, voient leur érythème apparaître aux mêmes endroits que les années précédentes.

D'un autre côté, le docteur Neusser cite le fait d'enfants de tziganes, qui allaient complètement nus, présentant l'érythème aux pieds et aux mains, tandis que les autres parties du corps restaient indemnes. Il semble, ajoute M. P. Raymond, que les lieux d'élection de cet érythème soient des loci minoris resistentiæ, sur lesquels les rayons solaires exercent de préférence leur action, mais sur lesquels agissent aussi au même titre d'autres influences encore inconnues.

Mais un problème se pose à nous. Toutes les causes dont nous venons de parler, toutes ces conditions sont prédisposantes, mais elles ne sont point suffisantes, prises séparément, pour amener l'éclosion de la maladie. Si nous passons en revue tous ces modificateurs, nous croyons que tous ont une action dépressive sur l'organisme, et que l'on a pris ces mots trop à la lettre, que l'on a eu tort, ce nous semble, d'accuser séparément la mauvaise alimentation, l'alcool, etc...

Le sexe, l'âge, n'ont d'influence que par suite des conditions accidentelles où ils placent l'individu.

L'alcoolisme, la profession n'agissent que par la débilitation et la dépression où ils jettent l'organisme.

L'insolation n'est la cause exclusive ni de l'érythème ni de la pellagre et son action n'est que déterminante.

L'agitation, la mauvaise alimentation, la misère enfin, misère qui est la résultante de tous ces éléments étiologiques, qui les résume, doit être mise au premier rang, elle prépare l'organisme à recevoir l'atteinte de toutes les causes morbides en général et, par conséquent, plus spécialement l'atteinte de la pellagre.

Quelle est alors la cause déterminante de l'apparition de la maladie dans nos asiles ? Comment comprendre la pathogénie de la pellagre dans l'établissement ?

Nous venons de voir ce que sont nos malades à leur arrivée à l'asile, des ouvriers, des malheureux, toujours souffrant physiquement, s'alcoolisant, d'un état mental dont la résistance est bien diminuée, d'un état mental frappé au sceau de la déchéance, nous avons vu ce qu'ils sont chez nous, des aliénés de toute sorte, des agités surtout.

Tels sont nos prédisposés à la pellagre. Il va suffire à ces malades, qui pouvaient vivre des années en se trouvant dans de bonnes conditions d'hygiène, de nourriture, sans qu'aucun symptôme de la maladie apparaisse, d'arriver à l'asile pour voir éclater leur mal.

Nous avons dit quelques mots de l'alimentation, nous n'y reviendrons pas, estimant que, quoique insuffisante, elle est rendue, de par le fait des médecins traitants, largement abondante.

Reste à considérer l'établissement où ces malades vont être internés.

Un asile d'aliénés est un de ces refuges destinés aux plus déshérités des hommes, à ceux que les déceptions, les mauvaises passions, les maladies, les chagrins de toutes sortes, les catastrophes soudaines, ont privés de l'usage de la raison. Ces refuges ont le devoir d'être installés le plus confortablement possible afin de venir en aide à ces organismes délabrés, à ces âmes désemparées qu'un rien suffit à remettre dans la bonne voie.

« Il faut, disait en 1888-1890, le docteur Duffour, médecin

directeur de l'asile St-Robert, que l'asile soit essentiellement par lui-même un instrument de thérapeutique, qu'on doit tendre à perfectionner de plus en plus. » Ce qu'il faut mettre à la disposition du médecin pour traiter ce genre de malades : c'est l'air, l'espace, de façon à pouvoir les isoler, les soustraire à leur habitude, en les éloignant des lieux qu'ils habitent, les séparant de leur famille, de leurs amis, les entourant d'étrangers, changeant toute leur manière de vivre, de façon aussi à pouvoir les isoler au besoin, de façon en un mot à provoquer chez eux des impressions toutes nouvelles.

Grand air, distractions, repos du corps et de l'esprit, avons-nous tout cela à l'asile de Montpellier ?

L'établissement lui-même est, nous paraît-il, plus qu'insuffisant comme asile, trop petit pour contenir tous les malades, et de plus, trop ancien pour remplir les conditions d'hygiène moderne. Si nous consultons les statistiques, nous voyons en effet, que l'asile contenait en 1850, 240 hommes, 110 femmes, il contient de nos jours, 358 hommes et 338 femmes. Malgré que l'on ait ajouté une annexe où sont dirigés 134 malades, l'encombrement se fait sentir, et l'on est étonné de voir, dans certains dortoirs, des triples rangées de lits s'aligner, laissant entre chaque couchette à peine la place nécessaire au malade pour se déshabiller.

Mais, où l'encombrement se fait surtout sentir, où l'entassement des malades atteint son maximum, c'est dans le quartier des femmes, et c'est aussi dans ce quartier que la pellagre frappe ses coups les plus durs et les plus fréquents. Si nous considérons la section des agitées, section où sont toutes nos pellagreuses, nous sommes obligés de constater qu'elle paraît avoir été bâtie pour tourner en dérision les lois de l'hygiène. Le nombre de malades qui s'y trouvent rassemblées est assez variable, on peut néanmoins le fixer approximativement à 35. Ces 35 malades sont réunies dans une salle qui possède à ses deux extrémités deux water-closets, simples trous faits dans le sol et communiquant directement avec un égoût collecteur, sans laveur automatique. La cour où peuvent se promener ces aliénées possède plusieurs arbres rabougris qui donnent chichement quelques mètres carrés d'ombre. Mais ce qui frappe surtout, c'est la situation de cette cour et de la section en même temps. Entourée par les bâtiments de l'infirmerie, les cyprès du cimetière de l'hôpital, d'une part, le mur et les bâtiments de l'asile de l'autre, les malheureuses vivent là dans un air qui ne se renouvelle pas, dans une étuve l'été, une glacière l'hiver. Ce qui nous porte encore plus à considérer la mauvaise disposition de l'asile comme une cause déterminante de la pellagre, c'est que nous avons eu beau chercher parmi les vieillards de l'Hôpital-Général, il nous a été impossible de trouver de la pellagre. Le cas de M. le professeur Vires, cas qui remonte assez loin est absolument isolé. Or, les locaux aussi vieux, aussi mal disposés, ne sont point tenus plus proprement que nos locaux de l'asile. Mais en revanche, les hospitalisés vont, viennent dans les cours très vastes, sortent le dimanche en ville, peuvent aller à la campagne et ont ainsi bien les moyens de s'oxygéner et de se distraire. De même au quartier des hommes, le grand jardin dans lequel les malades peuvent aller se promener, la section des agités qui a vue sur ce grand jardin, sont mieux placés que dans le quartier des femmes. Et nous n'hésitons pas à considérer ces meilleures conditions ajoutées aux prédispositions que la constitution de la femme amène certainement, comme la vraie raison du plus petit nombre de pellagreux chez les hommes.

Cet encombrement, ajouté à la vétusté de l'établissement, à ses murs toujours humides en hiver, à ses salles mal aérées, n'ayant de fenêtres qu'en nombre insuffisant et dans lesquelles l'été, l'air stagne, brûlant, et se vicie, mal disposées, avec leur water-closet attenant à la pièce où vivent les malades (malades qui par eux-mêmes ne sont pas toujours propres) est cause d'une atmosphère irrespirable et mal odorante. Rien n'y fait, malgré tous les soins journaliers, malgré les lavages répétés des salles et des escaliers. Cette odeur sui generis qui rappelle la vieille bâtisse, la salle de bain, et bien d'autres choses, survit et plane pénétrante dans les pièces où vivent serrés, groupés, nos pauvres aliénés.

Le pronostic de la maladie est très grave et rarement les malades atteints échappent à ses coups. L'évolution peut être plus ou moins rapide, le terme est ordinairement fatal, grâce aux degrés successifs atteints par l'infection. Malgré tous les soins dont sont spécialement entourés ces malades, nous comptons 14 décès sur 41 observations : ce chiffre seul indique combien on doit prendre au sérieux cette maladie que certains auteurs considèrent avec trop de légèreté ; ce chiffre seul indique combien on doit se hâter d'éloigner des bâtiments des asiles des malades déjà suffisamment frappés par le sort et que leur déchéance mentale doit nous rendre d'autant plus intéressants.

C'est avec un soupir de soulagement, nous en sommes persuadé, que les médecins de l'asile verront le transfert de leurs malades dans le superbe établissement que vient de faire construire le département de l'Hérault. Dès ce moment, nous sommes persuadés aussi, comme l'est notre maître M. le professeur Mairet, que la pellagre diminuera, disparaîtra même du cadre nosologique de l'asile.

INDEX BIBLIOGRAPHIQUE

LAFARGUE. — Etiologie de la pellagre, 1848 (Ann. médico-psych.)

BILLOD. — Une variété de la pellagre propre aux aliénés (1858).

CAZENAVE. — Obs. et réflexions sur la folie pell. et la pell. (Union méd. de la Gironde, Bordeaux, 1856).

HAMEAU. — Sur la pellagre (Thèse, Paris, 1853).

COSTALLAT. — Etiologie et prophylaxie de la pellagre (An. d'hyg. 1860).

LANDOUZY. — De la pellagre sporadique (Paris 1860).

— De la pellagre sporadique (Leçons cliniques, 1861-62-1863).

BOUCHARD. — La pellagre observée à Lyon (Gazette médicale de Lyon, 1861).

HARMAN (Léon). — Pellagre sporadique (Thèse, Paris, 1862).

BILLOT. — Pellagre consécutive à l'aliénation mentale (Académie des sciences, 1863).

— Traité de la pellagre, 1870.

LAGARDELLE. — France médicale, 1866.

ROUSSEL. — Traité de la pellagre, 1866.

LAURENZO-MONTI. — De la pseudo-pellagre chez les alcoolisés, 1868.

CORRADI. — Etiologie de la pellagre (Ann. médico-psych., 1867).

BAZIN. — La pellagre des aliénés (Union méd., Paris, 1862).

ARNOZAN. — Troubles trophiques (Thèse d'agrégation).

MARTIN. — De la pellagre (Thèse 1873).

FILIPPO-LUSSANA. — Etiologie de la pellagre (Gazetta medica italiana, 1874).

TEMPINI. — Etiologie de la pellagre et son traitement (Annales médico-psychologiques, 1875).

LOMBROSO. — La pellagre en Italie (Turin, 1880).

BAILLARGER. — De la paralysie pellagreuse (Ann. médico-psych., Paris, 1848).

BONNET. — Aliénation et pellagre (J. méd. de la Mayenne, Laval, 1873).

POUSSIÉ (Emile). — Etude sur la pellagre (Thèse, Paris, 1881).

HARDY. — Pellagre alcoolique (Bulletin de l'Académie de médecine, 28 juin 1881).

ROEL (Faustino). — Etiologie de la pellagre (Oviedo, 1880).

LOMBROSO. — Des considérations sur la pellagre (*In* Archivo di psichiatria, Torino, 1881).

VALERA (Tomas) y JIMÉNEZ. — Etude sur la pellagre ; Obs. (El siglo medico, 1880).

SEPPELLI. — Le sang des aliénés pellagreux (Arch. ital. des mal. nerv. et de l'alién. ment., 1882).

RAYMOND (Paul). — Article sur la pellagre (Ann. de dermat., 1889).

D'ALBUQUERQUE CAVALCONTI. — Etiologie de la pellagre (Thèse, Paris, 1882).

BONNET (Henri). — La pellagre chez les aliénés (Annales médico-psychologiques, 1889).

MAIRET et BOSC. — Annales médico-psychologiques, n° 1, 1892.

TUKSEK. — Kliniche und anatomiche Studien über die pellagra (Berlin, 1893).

AGOSTINI (César). — Contrib. à l'étude du chimisme gast. chez les pellagreux (Rivista sperimentale di freniatria, vol. XIX, 1893).

GAUCHER et BARBE. — Obs. de pell. alcoolique (Bulletin de la Soc. de Dermat., 1894).

GAUCHER. — Traité des mal. de la peau, tome I, 1895 (Ann. de Dermat , 1895).

BABÈS. — La pathogénie de la pell. (Congrès internat., séance 31 juillet 1901).

TABAKIAN. — La pellagre, Thèse Montpellier (1902).

PROCOPIU. — La pellagre (1903).

TRILLER. — La pellagre. Thèse, Paris (1906).

MARIE. — La folie pellagreuse des Arabes d'Egypte (Académie de médecine, 1907).

www.ingramcontent.com/pod-product-compliance
Lightning Source LLC
LaVergne TN
LVHW010056230826
846091LV00005B/1951

* 9 7 8 2 0 1 3 2 6 2 4 0 8 *